SEARCHING TREASURES
FOR HAINAN

天涯觅珍

海南省博物馆征集成果展
Exhibition of Cultural Relics Acquisition
by Hainan Provincial Museum

海南省博物馆 —— 编

苏启雅 —— 主编

文物出版社

图书在版编目（CIP）数据

天涯觅珍 : 海南省博物馆征集成果展 / 海南省博物
馆编 ; 苏启雅主编 . -- 北京 : 文物出版社 , 2024.5
　　ISBN 978-7-5010-8242-1

　　Ⅰ . ①天… Ⅱ . ①海… ②苏… Ⅲ . ①历史文物 – 中
国 – 图集 Ⅳ . ① K870.2

　　中国国家版本馆 CIP 数据核字 (2023) 第 214636 号

天涯觅珍——海南省博物馆征集成果展
海南省博物馆　编

主　　编　苏启雅

责任编辑　王　伟
责任印制　张　丽

出版发行　文物出版社
地　　址　北京市东城区东直门内北小街2号楼
邮　　编　100007
网　　址　http://www.wenwu.com
经　　销　新华书店
印　　刷　雅昌文化（集团）有限公司
开　　本　889mm×1194mm　　1/16
印　　张　10.25　插页16
版　　次　2024年5月第1版
印　　次　2024年5月第1次印刷
书　　号　ISBN 978-7-5010-8242-1
定　　价　198.00元

海南省博物馆编辑出版委员会

主 任 委 员：苏启雅

副主任委员：王辉山

委　　　员：（按姓氏笔画为序）

王辉山　王　静　王明忠　王翠娥　包春磊　刘　凡

苏启雅　何国俊　寿佳琦　李　钊　林　晖　贾　宾

贾世杰　高文杰

《天涯觅珍——海南省博物馆征集成果展》图录

主　　编：苏启雅

副 主 编：王辉山

执行主编：刘　凡　贾世杰　支艳杰

书籍设计：支艳杰　叶芷莹

文物摄影：陈辉养　刘安迪

文物描述：王　鑫　陈辉养　张　凤

文字校对：方　波　朱　纬　麦静月

"天涯觅珍——海南省博物馆征集成果展"

展览策划：苏启雅

项目统筹：刘　凡　贾世杰

内容设计：方　波　王翠娥　朱　纬　贾世杰

形式设计：支艳杰　刘安迪　袁　鑫

展览配合：（按姓氏笔画为序）

王一宇　王翠娥　王　鑫　包春磊　孔　敏　刘安迪

刘爱虹　朱　纬　孙琼新　吴　莉　张　晨　麦静月

陈燕燕　吴　慧　高文杰　韩　飞

展览协作：海南省博物馆办公室　藏品征集部　藏品保管部

安全监管部　公共服务部　图书资料部

文物保护与修复部

Preface

Cultural relics embody the splendor of civilization, carrying forward historical and cultural heritage while sustaining the spirit of our nation. They are the precious legacy bequeathed to us by our ancestors and serve as a profound nourishment for the enhancement of socialist spiritual civilization. General Secretary Xi Jinping emphasized, "A museum is akin to a university. It is crucial to safeguard and manage the cultural relics that encapsulate the traditional culture of the Chinese nation, while also intensifying their research and utilization. Let history speak through these relics and let the relics themselves convey their stories." To enable the artifacts within museums to narrate their tales, it is essential to invigorate the historical cultural assets dormant in the storage rooms of these institutions, revitalize their cultural vitality and allow them to shimmer anew through their active utilization. In a concerted effort to delve deeply into and implement the vital directives from General Secretary Xi Jinping regarding the preservation of cultural relics, and to accelerate the development of the Hainan Free Trade Port towards the high-quality advancement of the province's cultural tourism sector, the Hainan provincial Museum has capitalized on the occasion ahead of the "May 18 International Museum Day" and leveraged its professional expertise to the fullest extent. In conjunction with years of collection efforts, the museum has carefully selected 143 pieces/sets of cultural artifacts to proudly present the exhibition " Searching Treasures for Hainan-Exhibition of Cultural Relics Acquisition by Hainan provincial Museum Collected Works". Coinciding with the museum's fifteenth anniversary, this exhibition also serves as an opportune systematic review and retrospection of the 39 years of collection efforts. It delves into the stories behind the artifacts, illuminating the museum's illustrious history in collection, promoting knowledge about artifact acquisition, and stirring a societal awareness of cultural relic preservation.

Positive community feedback arrived not long following the exhibition's launch, with visitors expressing their appreciation on social media and guestbook. To further expand the exhibition's impact, the museum staff has meticulously compiled this catalog to delight and inform our readers. We hope that our friends and readers will continue to show unwavering support for the Hainan Museum's endeavors, particularly in artifact collection. We encourage the active contribution of clues for potential acquisitions, thereby bolstering the protection of Hainan's cultural heritage and injecting new vigor into the development of the Hainan Free Trade Port's cultural and museum sector.

Su Qiya

Deputy Director of the Hainan Provincial Department of Tourism, Culture, Radio, Television and Sports

Director of the Cultural Relics Bureau of Hainan Province

Director of Hainan Provincial Museum

April, 2024

序

　　文物承载灿烂文明，传承历史文化，维系民族精神，是老祖宗留给我们的宝贵遗产，是加强社会主义精神文明建设的深厚滋养。习近平总书记强调："一个博物馆就是一所大学校。要把凝结着中华民族传统文化的文物保护好、管理好，同时加强研究和利用，让历史说话，让文物说话"。让博物馆中的文物说话，就要激活沉睡在文物库房里的历史文物资源，激活他们的文化生命力，通过活化利用的形式让文物重现璀璨光彩。为深入学习贯彻落实习近平总书记关于文物保护工作的重要指示批示精神，加快推进海南自由贸易港建设，实现我省旅文事业的高质量发展，海南省博物馆借助"5·18国际博物馆日"契机，发挥自身业务优势，结合馆内多年藏品征集工作成果，遴选文物藏品143件/套，隆重推出"天涯觅珍——海南省博物馆征集成果展"，这既是在开馆十五周年之际，对筹建至今39年藏品征集工作的一次系统梳理和回顾，又是深入挖掘藏品背后故事，展现海南省博物馆藏品征集工作光辉历史，普及藏品征集知识，唤起全社会的文物保护意识的一次重要活动。

　　展览推出之后，在社会上引起了很好的反响，观众朋友们纷纷在社交媒体和参观留言簿上表达了对展览的喜爱。为持续扩大展览影响力，海南省博物馆精心组织业务人员编写了这本图录，以飨读者。希望读者朋友们未来一如既往地关注海南省博物馆各项工作，尤其关心和支持藏品征集工作，积极提供各类藏品征集线索，为海南文化遗产保护贡献力量，为海南自贸港文博事业发展不断注入新的活力！

海南省旅游和文化广电体育厅 副厅长
海南省文物局 局长
海南省博物馆 馆长

二〇二四年 四月

目录

前 言

涓流成海厚且深

"不积跬步无以至千里，不积小流无以成江海"。海南省博物馆自1984年筹建至今，历经39载，从建馆之初文物库房的一穷二白，历经几代海博人的砥砺前行，在国家文物局、海南省委省政府、海南省旅游和文化广电体育厅、海南省文物局的关心支持下，在兄弟文博单位的大力配合和民间收藏家的热心捐赠下，共征集到藏品1万余件/套，极大丰富完善了我馆的馆藏结构及藏品类别，为海南文博事业的快速发展做出了积极的贡献。

为了客观展现海南省博物馆的藏品征集成果和琼博人薪火相传的征集历程，我馆特精心策划推出"天涯觅珍——海南省博物馆征集成果展"，在海南省博物馆开馆十五周年之际对外展出，希望能唤起全社会的文物保护意识，为海南自贸港文化建设做出应有贡献。

筚路蓝缕
开启山林

　　1984 年 8 月，"海南博物馆筹建办公室"在海口成立。自筹建办公室成立之初，办公室领导便高度重视藏品征集工作，在原省文体厅和省文管办指导下，我馆老一代文博工作者以保护祖国珍贵文物、传承文化遗产为己任，克服极其困难的外在条件，从机构设置、方针政策、指导思想、队伍建设和业务拓展等多个方面，做了大量开创性工作。

松鹤图轴

明代
纵 150 厘米，横 70 厘米
2008 年 4 月琼海市博物馆
调拨

此图绘一白鹤独立在坡石上，回首远眺，若有所思，坡前野菊盛开与古松相映，愈加突出主体形象。该作画法继承南宋院体风格，工细中稍加放笔，有所变化，风格精工富丽。右下押角处钤朱文"项子京家珍藏"、朱文"黄居桂章"等鉴藏印。作者不详，从其技法和风格看与明代吕纪、边景昭等绘画风格如出一辙，极有可能是当时宫廷画师所绘。

敕建应台书院碑

明代

长 182.5 厘米，宽 98 厘米，

厚 13 厘米

1998 年琼海市塔洋镇征集

此碑石质，顶部自右及左横向
篆书"新建应台书院记"，碑文
竖向楷书阴刻，全文 825 字。
年代为万历四十年（1612）。
赐进士第浙江道监察御史、奉
敕提督北京畿前巡按、湖广福
建行人司行人徐兆魁撰文，举
人王世亨书丹，举人施善教篆
额。

明万历三十七年（1609），为集
贤才而教之，时任会同县知县
叶中声创立"应台书院"，校址
设在县城东关门外。应台书院
传承学术，促进了明代晚期会
同县教育事业的发展。

德化窑白釉梅花瓷杯

明代
口径 7.1×8.5 厘米，足径 3.2×4 厘米，高 6 厘米
2008 年 6 月陵水县博物馆调拨

椭圆形喇叭口，杯体外壁两面各贴塑单支梅花，梅枝做杯底。梅枝盘曲，苍劲有力。瓷杯胎质细腻洁白，釉质莹润无瑕。德化白瓷历史悠久，历经千年，因其产品制作精细，质地坚密，晶莹如玉，釉面滋润似脂，故有"象牙白""猪油白""鹅绒白"等美称，在我国白瓷系统中具有独特的风格，在中国陶瓷史上留下了光辉的一笔，在世界陶瓷史上"中国白"一词也就成了德化白瓷的代名词。

德化窑白釉仿犀角杯

明代

口径最短 7.9×10.6 厘米，高 6.1 厘米，底径 3.6×4.2 厘米

2008 年 3 月定安县博物馆调拨

杯为菱形花口，口沿外撇，深腹，腹壁斜收，下腹呈圆筒状，平底，矮圈足。胎质致密，通身施白釉，釉色温润光洁。外壁一侧贴塑一只小鹿和两枝梅花，杯体另一侧堆贴龙、虎纹。杯底圈足露胎，白皙坚密，细腻均匀。造型新颖，构思巧妙。

德化窑白釉弦纹三足炉

明代
口径 12.2 厘米，底径 10.6 厘米，高 9.1 厘米
2008 年 3 月定安县博物馆调拨

器形为陈设供器。筒形，下承三如意形足，内部施釉不到底。腹部
凸起三道弦纹，中间仿青铜器纹饰模印夔龙纹及回纹一周。胎体匀
净致密，白釉温润柔和。造型古朴端庄，别具风格。

蓝釉描金鱼藻纹缸

清代
口径 25.6 厘米，足径 23 厘米，高 36.7 厘米
2008 年 4 月琼海市博物馆调拨

罐直口微敞，圆唇，鼓腹，下腹渐收。内壁施白釉，外壁施蓝釉，其上以金彩描绘鱼藻纹。所施金彩因年代久远而大部分脱落。器型壮硕，釉色鲜艳。

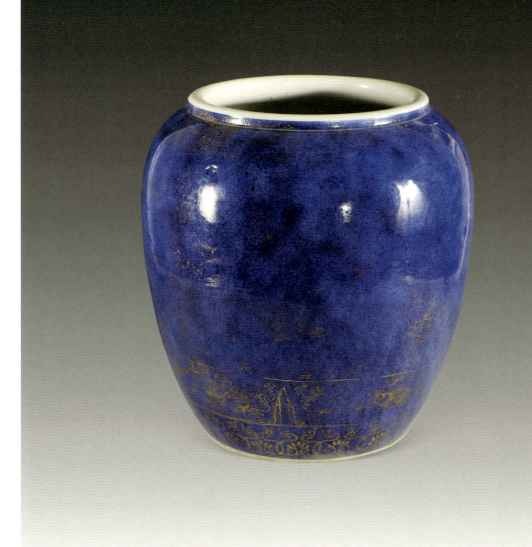

红釉高足盘

清代
口径 21 厘米，足径 8.2 厘米，高 9.2 厘米
2008 年 4 月琼海市博物馆调拨

盘敞口，浅腹，下承以高足，足外撇，束足处凸起一周。内壁和高足内白釉，外壁施红釉，盘底青花篆书"大清乾隆年制"六字。高足盘为我国古代陶瓷的传统造型，隋代即有烧制，以后各朝历代烧制不断。

蓝釉描金团花纹碗

清代

口径 17.3 厘米，足径 6.7 厘米，高 7.7 厘米

2008 年 4 月琼海市博物馆调拨

碗敞口，弧腹，圈足。内壁白釉光素，外壁蓝釉上以金彩描绘团花及卷草纹。蓝釉滋润深沉，金彩鲜艳亮丽。外底以青花篆书"大清乾隆年制"六字三行篆书款。器型规整，绘画精细。

钧红釉蒜头瓶

清代

口径 8 厘米，足径 17 厘米，高 45 厘米

2008 年 4 月琼海市博物馆调拨

蒜头形口，细长颈，硕圆腹，鼓腹，圈足外撇。此瓶蒜头口处为窑变钧红夹杂艳紫，正所谓"姹紫嫣红"。钧红釉中有自然形成的斑点，错落有致，器型规整，秀美新颖。

青釉印花瓠

清代

口径 20 厘米，足径 13.5 厘米，高 34.2 厘米

2008 年 3 月定安县博物馆调拨

瓠撇口，长颈，鼓腹。胎体坚硬细密，通体施青釉。釉色莹润青翠，纯净柔和，釉下暗刻缠枝花卉纹。外底以青花楷书"大清乾隆年制"。造型端庄古朴，线条自然流畅。

黄釉盖豆

清代

口径 15 厘米，足径 13 厘米，通高 25 厘米

2008 年 4 月琼海市博物馆调拨

直口、深腹、喇叭形高圈足，器物上部有覆盆形盖，盖中有一宝珠钮，盖上印变形如意纹，腹部印凸起变形的海水纹。豆的内外壁和高足内均施黄釉，底部阴刻六字楷书款"大清光绪年制"。器形规整，优美端庄，釉面亮丽，华贵典雅。

青花矾红描金云蝠纹瓶

清代

口径 7.5 厘米，足径 15 厘米，高 33 厘米

2008 年 4 月琼海市博物馆调拨

瓶直口，直颈，溜肩，腹部圆鼓，圈足。造型新颖，颈部比天球瓶颈部稍短，与赏瓶的区别是直口。口沿施金彩，绘回纹和如意纹边饰，圈足绘一周卷草纹。颈腹部绘矾红描金蝙蝠飞翔于青花祥云之间，寓意"洪福齐天"，青花发色蓝艳。底部青花楷书"大清光绪年制"双行六字款，是光绪朝官窑瓷器中的精品。

仿哥釉双耳盘口瓶

清代

口径 24 厘米，足径 18 厘米，高 54 厘米

2008 年 3 月定安县博物馆调拨

瓶盘口，肩部以下渐收，腹部下垂圆腹，圈足外撇，双肩贴塑双螭龙耳，通体施青灰色釉，釉面细腻肥润，开片自然流畅。造型浑厚古朴，器形硕大端庄。

青花花鸟纹笔筒

清代

口径 13.2 厘米，底径 13.5 厘米，高 21.5 厘米

2008 年 3 月定安县博物馆调拨

筒形，直口直壁，近足处微外撇，圈足。口沿及近足处施酱釉，内壁白釉光素，外壁以青花满绘花鸟虫草纹。画面构图疏密有致，青花发色暗淡。

青花山水人物纹盘

清代

口径 28.8 厘米，足径 16.5 厘米，高 6.5 厘米

2008 年 3 月定安县博物馆调拨

盘敞口，弧腹，圈足，足底露胎。外壁以青花写意翠竹；内壁青花绘山水人物，山峦叠嶂，北雁南飞，树木萧瑟，一江秋水，岸边一高士拄杖携童访友而来，待渡归家。青花发色浓艳有层次，颇有墨分五色之感。构图疏朗，绘画流畅，意境深远。

黄地粉彩开光三羊开泰盘

清代
口径 34 厘米，足径 22 厘米，高 5.5 厘米
2008 年 3 月定安县博物馆调拨

盘敞口，浅腹外弧，圈足。盘口沿饰一周回纹，以红、白、粉、绿彩勾描，内壁以黄釉为地，其上绘粉彩缠枝花卉、"寿"字衬托四个圆形开光，开光内绘有三只神态各异的羊，寓意"三阳开泰"，盘心以矾红勾边填以金彩绘篆体团"寿"字；外壁白釉地上饰以三组粉彩缠枝花卉，外底以矾红彩楷书"大清光绪年制"官窑款识。此盘器型庄重典雅，构图繁密精良，纹饰勾描细腻，色彩华美富丽。

青白釉莲瓣纹盘

清代

口径 27.2 厘米，足径 13.4 厘米，高 4.3 厘米

2008 年 3 月定安县博物馆调拨

盘菱口，浅腹，矮圈足。内壁刻划三周莲瓣纹，盘心似莲蓬。外壁光素，圈足内以青花楷书"大明宣德年制"，实为清代仿古之作。釉色青白，匀净滋润。胎体规整，器型优美，刻画精细，栩栩如生。

承传赓续
郁乎斐然

2008 年 11 月 15 日，海南省博物馆正式开馆，馆藏各类文物达1 万多件。开馆之后，海南省博物馆的文物征集工作进入新的历史时期。截至 2012 年，海南省博物馆通过征集购买的途径，征集到历史文物、海南民族文物、非物质文化遗产藏品等各类文物及藏品 933件 / 套；接收国家文物局无偿划拨文物 1213 件 / 套；接收移交水下考古出水文物 1 万余件；接收政府机关和有关部门移交文物 500 余件 / 套。馆藏文物不断积累，有力支撑了博物馆各项业务的顺利开展。

02

国家文物局划拨文物

2008 年至 2012 年，在海南省委省政府的帮助支持下，国家文物局将一批古代历史文物以及从海外追索回国、相关国有文物收藏单位留存的 1213 件珍贵文物及标本相继无偿划拨给海南省博物馆收藏，这批划拨文物以陶瓷器为主，囊括了中国古代各个历史时期，尤以唐三彩马、"越王亓北古"错金铭文青铜复合剑、宋代青白釉花口凤首瓷壶为突出代表。

青釉弦纹瓷钵

春秋时期

高 5.2 厘米，口径 11.2 厘米，足径 7.1 厘米

2012−2013 年国家文物局调拨

敞口，束颈，肩部略折下弧收，圈足外撇。颈部与肩部的过渡处饰弦纹，胎体呈灰褐色，器表有玻璃质青釉，釉色青黄，施釉未及底。烧成温度较低，器物造型不甚规整，胎体厚薄不均，釉层不均匀，釉层较薄，是原始青瓷的典型代表。

原始青瓷出现于约 3000 年前的商代，历经西周、春秋、战国、汉代，它从印纹硬陶发展而来。其制法是用瓷石制胎，器表施石灰釉，经 1200℃ 高温焙烧而成。胎体烧结后呈灰白或褐色，器表有青色玻璃质釉层，胎体吸水率低，敲击时发出清脆的声音。原始青瓷与陶器虽已有本质的区别，但在烧造工艺上与真正的瓷器相比还具有一定的原始性，故称"原始青瓷"。常见纹样有云雷纹、勾连云纹、双勾线"S"形纹、锥刺纹、波浪纹等。

"越王亓北古"错金铭文青铜复合剑

战国时期
通长 65.2 厘米，格宽 5 厘米
2018 年 6 月 7 日国家文物局划拨

此剑为青铜复合剑，剑圆茎上有平行箍两圈，上有错金纹饰，刃一侧微残，有小缺口。剑格正、背皆有错金鸟虫书铭文，正面有铭文一行 10 字，左右两边各 5 字，对称分布，作"戉（越）王亓北古"；背面亦 10 字在左右两边对称分布，作"自乍（作）元用之"；圆形剑首环列错金鸟虫书铭文 12 字"台戉（越）王亓北自乍（作）元之用之佥（剑）"。

马承源先生认为越王"亓北古"，即越王勾践之孙越王盲姑"不寿"，"亓北古"古音与"盲姑"相近。

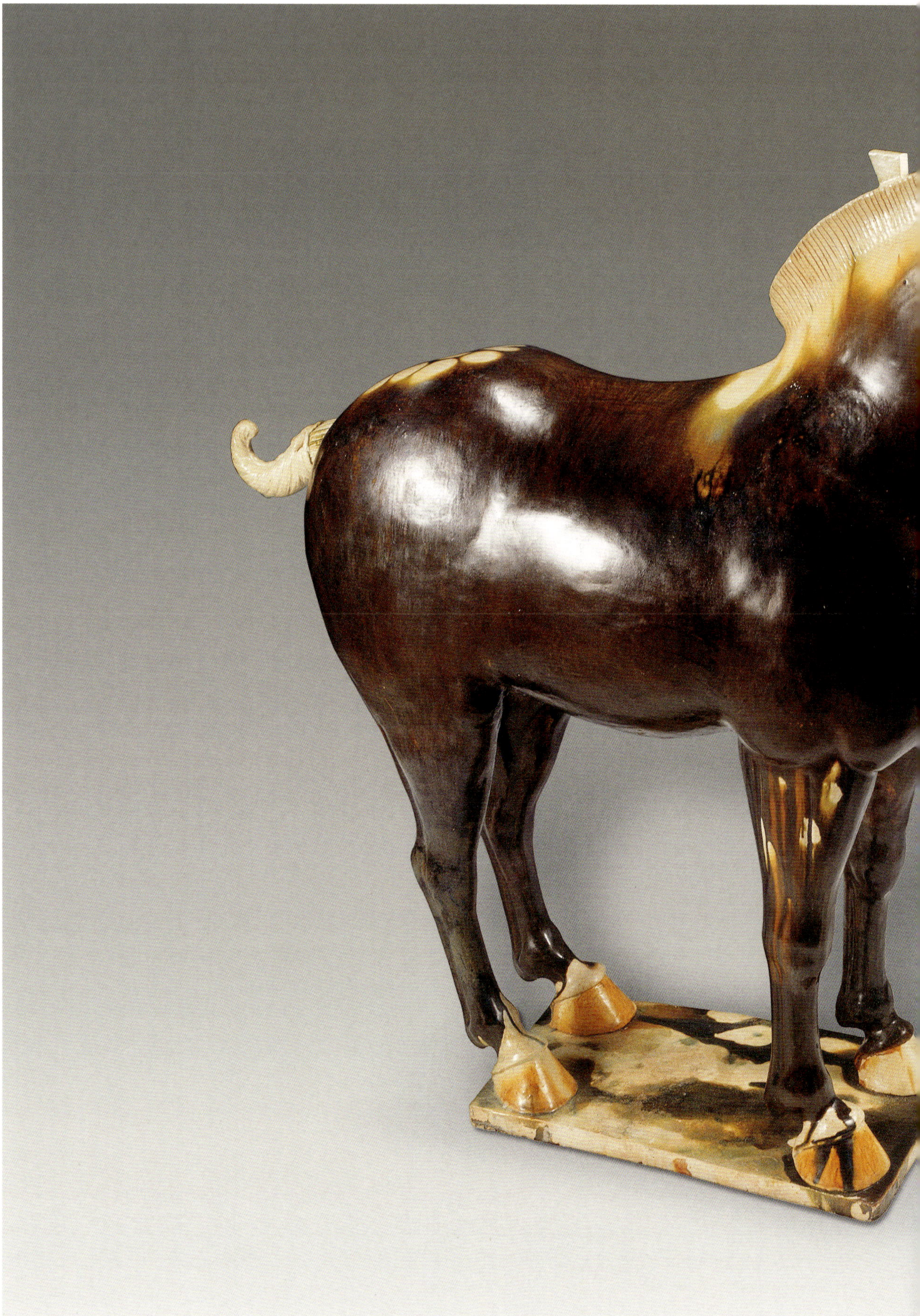

三彩马

唐代

高 73.1 厘米，长 81.3 厘米

2018 年 6 月 7 日国家文物局划拨

马四腿直立于长方形底座之上，通体施棕黑釉，呈自然毛釉斑点，马脸、鬃、尾、四蹄为白色。伸颈昂首，细腰健蹄，两耳竖立，眼睛炯炯有神直视前方。造型精美简洁，栩栩如生，细部处理一丝不苟，如梳理整齐的三朵花式的马鬃、有花纹装饰的马头革带等。

青白釉花口凤首瓷壶

宋代

口径 6-7.3 厘米，足径 10.4 厘米，高 40 厘米

2018 年 6 月 7 日国家文物局划拨

此花口凤首壶的造型，是受唐代波斯金银器影响、演变而来的。口部似盛开的四瓣花，象征凤冠，凤眼炯炯有神，凤首后部恰似一束长羽上飘的钩弦。长颈渐宽，丰肩圆腹，颈下部有三道凸弦纹，腹部有两道凹弦纹。胎质洁白细腻，釉色白中泛青，晶莹剔透，美如琢玉，器型精美绝伦，是宋代景德镇窑青白釉瓷器中的精品。

青釉鸡首壶

东晋
口径 7.2 厘米，底径 11 厘米，高 17.7 厘米
2012–2013 年国家文物局调拨

盘口，以鸡首为流，高冠引颈，圆目微凸，鸡尾后翘，对称一侧
置柄，束颈，溜肩，鼓腹，肩部设有对称桥型系一对，丝帛般的
青釉与沁入的土锈点相映成趣，映现出悠远的魏晋风范。

南朝青釉褐彩刻花盘

南北朝时期

高 3 厘米，口径 13.2 厘米

2012-2013 年国家文物局调拨

敞口，浅斜腹，矮圈足，外底四处垫烧痕迹，盘心四处垫烧痕迹。盘胎质较粗，除垫烧处通体施釉，青釉成色均匀。口沿数处褐色斑点装饰，外壁数道弦纹，内壁篦划莲花，盘心褐色点彩。这些褐斑排列或随意，或有一定的规律，为单调的青釉增加了色彩，具有较好的装饰效果。

长沙窑青釉彩绘花鸟纹执壶

唐代
高 17.9 厘米，口径 9.8 厘米，底径 10.4 厘米
2012-2013 年国家文物局调拨

撇口，阔颈，瓜棱形长圆腹，平底。通体施青釉。肩一侧置六棱形流，另一侧置曲柄。
腹部以釉下褐彩勾描一株花草及一只硕鸟，褐彩线条内涂釉下绿彩。此器造型饱满，
青釉下有褐、绿两色彩，图案线条流畅，是不可多得的唐代长沙窑瓷器珍品。

三彩双龙陶瓶

唐代

高 28.5 厘米，口径 5.7 厘米，底径 9.1 厘米

2012−2013 年国家文物局调拨

瓶盘口，细长颈，溜肩，腹部丰满，至胫处渐收。颈上突起五道弦纹。口沿与肩之间有两个对称的龙形柄高耸直立，龙头探进瓶口衔住口沿。器身上半部分施黄、绿、褐三色釉。此器造型端庄秀美，胎体厚重紧致，釉汁流淌自然，极富美感。

灰陶鞑帽俑

元代
通高 32.4 厘米，长 15 厘米，宽 10.8 厘米
2012−2013 年国家文物局调拨

此俑为丹麦追索文物。灰陶质地，身着宽大长袍，袖手搭长巾，头戴"鞑帽"，大脸阔耳，头向右上方微微扬起，嘴角微笑，表情怡然自得，为元代北方地区较流行的陶俑造型。最为难得的是此件陶俑无论从哪个角度看去，似乎都能被他安详平和的表情所感染，但是从不同角度感受到的表情又似乎不尽相同，如此生动的表情塑造，无疑达到了那个时代陶塑工艺的顶峰。

灰陶牛尊

元代

长 29.4 厘米，宽 13.8 厘米，高 19.5 厘米

2012−2013 年国家文物局调拨

此件器物为丹麦追索文物，泥质灰陶，其制作工艺为元代风格，器型规整，做工精细，陶质细腻，器表光洁，器物底座刻有"寄寄老人"款识。据文献记载，"寄寄老人"为金末元初活跃在长安的陈姓制陶名匠，其制陶工艺精湛，深受当时的文人雅士追捧。

灰陶象尊

元代

长 20.7 厘米，宽 13.7 厘米，高 30 厘米

2012-2013 年国家文物局调拨

此件器物为丹麦追索文物，泥质灰陶，其制作工艺为元代风格，器型规整，做工精细，陶质细腻，器表光洁，器物底座刻有"寄寄老人"款识。

龙泉窑青釉盖罐

元代
高 6.8 厘米，口径 5.5 厘米，足径 4.1 厘米
2012−2013 年国家文物局调拨

罐带盖，盖顶小圆凸，宽出沿，罐身直口，溜肩，鼓腹，下腹内
收，卧足。胎质较粗，胎色发红。口沿、足底露胎，其余部分施
满釉。青釉厚重，釉色青翠，玉质感强。

嘉靖青花花卉纹梅瓶

明代

高 23 厘米，口径 4 厘米，足径 8.3 厘米

2012−2013 年国家文物局调拨

小口微敞，矮束颈，丰肩，肩下渐收，束腰，平底，矮圈足。底部无釉，其余部位施满釉。周身青花装饰，盖顶和侧面均以如意头云纹装饰一周，瓶身肩部如意头云纹连接一周，腹部装饰缠枝花卉纹，下腹部装饰花草纹。

青白釉鼻烟壶

清代
高 5.2 厘米，口径 1.1 厘米，底径 2.2 厘米
2012−2013 年国家文物局调拨

●

此壶小口，直颈，溜肩，扁腹，椭圆形圈足。施青白釉，颈、胫部
饰菊瓣纹，腹部两面饰回纹，正中以红釉绘正方形开光及回纹。明
末清初，鼻烟传入中国，鼻烟盒渐渐东方化，产生了鼻烟壶。鼻烟
壶指的是盛鼻烟的容器，小可手握，便于携带。

德化窑青花福禄寿三足炉

清代
高 11.2 厘米，口径 27 厘米
2012—2013 年国家文物局调拨

折沿，短束颈，浅腹且鼓，平底，蹄形三足平均置于下腹。白胎较细。炉内施釉不及底，炉外施釉至足，底露胎。青花发色淡雅，颈部为一周简化变形回纹；腹部福、禄、寿三字，其间青花描绘三开光山水民居，清素雅致。

青釉刻花三足炉

清代
高 4.9 厘米，口径 21 厘米
2012-2013 年国家文物局调拨

平折沿，直腹微鼓，凸底，三兽首足。沿下刻双圈弦纹；腹部刻划
花纹，似水波纹，亦似草叶纹，腹部有制胎时形成的弦纹痕迹。内
外底无釉，其余部分施满釉，釉色青润晶莹。

接收『华光礁１号』考古出水文物

2009 年 7 月，海南省博物馆从国家博物馆阳江水下考古与培训基地，接收了包括"华光礁Ⅰ号"沉船船体构件在内的 1 万余件西沙出水文物。这批文物以瓷器为主，包括碗、盘、碟、瓶、壶、粉盒、器盖、罐、钵等，此外还有铜镜残片、铁器等。大部分为我国东南地区民窑生产的外销瓷产品，时代为南宋中晚期，距今 800 余年。

银制缉捕帆船

清代
高 41 厘米，长 43 厘米
2018 年 11 月湖南省文物总店征集

此缉捕帆船由船体和底座两部分构成，中间有插销固定。上部船体
为三桅帆船，船头有一门大炮，其后为两门较小的炮，还有火枪，
另有两名船员；船尾有"巡查缉捕"四字，插"李"字旗。下部木
制底座为海浪纹造型。

青白釉弦纹执壶

南宋

口径 11.5 厘米，足径 8 厘米，高 19.2 厘米

2007 年西沙华光礁Ⅰ号沉船遗址出水

束沿盘口，直颈，圆肩，鼓腹，圈足。长曲流，宽带曲柄。肩部刻两道圈弦纹，器表胶结珊瑚。瓷胎细致洁白，釉色青白素净，有开片。

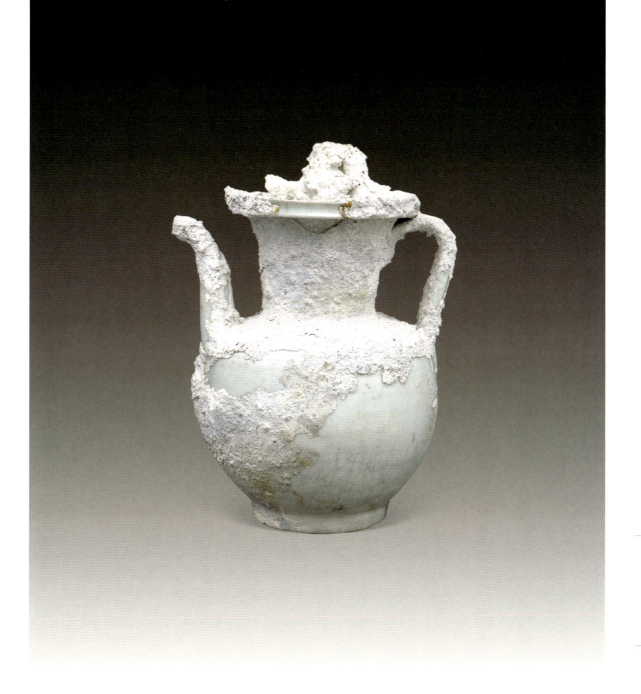

酱釉小口陶瓶

南宋

底径 9 厘米，高 19 厘米

2007 年西沙华光礁 I 号沉船遗址出水

小口，方唇，短领，溜肩，直腹渐收，平底。口部、肩部施酱釉，其余部分露胎，肩、腹部有多道制胎时的旋削痕。

青白釉菊瓣纹瓶

南宋

口径 5.9 厘米，底径 5 厘米，高 11.5 厘米

2007 年西沙华光礁 I 号沉船出水

撇口，直颈，小圆肩，深腹略弧，圈足外撇。瓷胎洁白略粗，釉色白中泛青，腹部及圈足模印菊瓣纹。该瓶系由口、上腹、下腹和足底接胎而成，腹中部合线明显，处理略显粗糙。

青白釉印花粉盒

南宋

直径 7.5 厘米，高 4 厘米

2007 年西沙华光礁 I 号沉船遗址出水

粉盒通体施青白釉，呈圆形，盒身、盒盖为子母口，平顶，弧腹，平底稍内凹。盖面模印花卉纹，盒身模印菊瓣纹，有珊瑚胶结物。

青白釉菊瓣纹印花粉盒盖

南宋

口径 11.6 厘米，高 3.5 厘米

2007 年西沙华光礁 I 号沉船遗址出水

盒盖圆形棱状，平顶，直口。瓷胎洁白细腻，釉色青白素雅。盖面模印三朵折枝花卉，花卉之外有三圈水波纹；盖身模印菊瓣纹。

青白釉菊瓣纹粉盒身

南宋

口径 10.5 厘米，底径 9.6 厘米，高 3.6 厘米

2007 年西沙华光礁 I 号沉船遗址出水

直口，直腹微斜，平底内凹。瓷胎洁白细腻，釉色青白净雅，盒身模印菊瓣纹装饰。

酱釉小口陶罐

南宋
口径 3.2 厘米，底径 8.9 厘米，高 6.1 厘米
2007 年西沙华光礁 I 号沉船遗址出水

小口，圆唇，短领，圆肩，扁鼓腹，平底。胎质较粗，胎色发灰，
釉色酱褐，施釉至腹部，下腹和底部露胎。

青釉褐彩小口罐

南宋
口径 2 厘米，底径 3.9 厘米，高 5.8 厘米
2007 年西沙华光礁 I 号沉船遗址出水

小口，圆唇，卷沿，短束领，溜肩，鼓腹，平底内凹。釉色青黄，
施釉至下腹部，肩部釉下数点褐彩装饰。

青白釉刻划花葵口碗

南宋
高 5.4 厘米，口径 17.3 厘米，足径 6.1 厘米
2007 年西沙华光礁 I 号沉船出水

侈口，斜弧腹，圈足，六瓣葵口，通体施青白釉，内壁刻划一枝折
枝花纹，外壁素面，口沿处有流釉现象。

青白釉刻划花碗

南宋

口径 18.7 厘米，足径 6.2 厘米，高 7 厘米

2007 年西沙华光礁 Ⅰ 号沉船遗址出水

敞口，弧腹，圈足。瓷胎白且致密，釉色青白，除外底其余部分施满釉。内壁刻划、篦划两组折枝花草，对称分布，形象生动，碗心一小圈弦纹；外壁素面。

青釉刻划花"吉"字碗

南宋
口径 24.6 厘米，足径 7.9 厘米，高 7.1 厘米
2007 年西沙华光礁 I 号沉船遗址出水

敞口，斜腹，圈足。釉色青中泛黄，外壁施釉至近圈足处，内壁施满釉。外壁从口沿至圈足篦划 11 组竖道纹；内壁刻划、篦划弧线纹，碗心一圈弦纹内模印"吉"字。华光礁 I 号沉船遗址中有一定数量的此类瓷碗。

2010 年 11 月，澳门多珍堂吴多津先生将收藏的 336 件珍贵文物，无偿捐赠给海南省博物馆。这批文物年代上起新石器时代，下至明清时期，尤以汉、唐文物居多。有不少文物精品，对丰富海南省博物馆馆藏起到了重要作用。

绿釉陶井

汉代

口径 19.6 厘米，底径 16.5 厘米，高 49.2 厘米

2010 年澳门多珍堂捐赠

明器。通体施绿釉，釉面剥落严重。陶井由井亭和井圈组成。亭内
有井架、辘轳。井架两侧有兽首形装饰。井圈为圆形，井沿上有汲
水用的小水罐。生动地再现了汉代人汲水之情形。

青釉弦纹双耳罐

汉代

口径 11 厘米，底径 12.5 厘米，高 21.4 厘米

2010 年澳门多珍堂捐赠

罐口平沿，无颈，溜肩，鼓腹渐收，平底。肩上对称置双耳。双耳刻划花纹装饰，似兽面。肩部刻两组双圈弦纹，腹部装饰条带状凸弦纹。外壁施青釉至腹，流釉明显。此罐器形饱满，线条流畅，是西汉原始青瓷的佳作。

三彩双耳小罐

唐代

口径 3.7 厘米，底径 4 厘米，高 8 厘米

2010 年澳门多珍堂捐赠

敞口，圆唇，矮直颈，溜肩，鼓腹，平底，肩部对称贴双系。口至上腹部施黄、绿色釉，腹下部及底露胎。釉彩呈斑块状，流动叠加，变幻莫测，器型古朴典雅，饱满富有张力。

武士陶立俑

南北朝时期
高 29.8 厘米，底 7.4×7.4 厘米
2010 年澳门多珍堂捐赠

武士头戴兜鍪，身披铠甲，腰间束带，肩有披膊，腿裹甲，立于方台上。高鼻圆目，表情
生动，双手交于胸前呈持握状，形象威武雄健。陶俑身有彩绘，但大部分脱落。北齐陶俑
受当时佛教造像的影响，人物造型饱满、自然，具有中国传统雕塑的造型特征，彰显了中
国文化特有的内涵。

三彩枕

明代

长 40.5 厘米，宽 17.5 厘米，高 14.5 厘米

2010 年澳门多珍堂捐赠

此枕形似元宝，两端上翘，中部下凹。枕心有一镂空钱文，枕两端内侧有荷叶边，外侧有镂空花卉。枕面施釉，釉色鲜艳，整体造型优美。

彩绘陶女俑

唐代
高 48.5 厘米，宽 18 厘米
2010 年澳门多珍堂捐赠

女俑袖手而立，梳倭堕髻，面庞圆润，高鼻小口，施黛眉胭脂，妆
容秀丽，身着长领小袖衣，高束腰长裙，体态丰腴，衣饰刻画流畅
飘逸，是盛唐时期妇女的典型形象。

白釉茶盘

唐代

盘直径 22.5 厘米，通高 4.9 厘米，
杯口径 5.5 厘米，高 2.8 厘米
2010 年澳门多珍堂捐赠

此杯盘由承盘、六个小杯组成。承盘敞口，
平底。盘内置小杯应环绕中心小罐，小罐
现已缺失。盘外壁及小杯施白釉，盘内无
釉。此套杯盘是用来随葬的明器，是唐代
现实生活细节的再现。

青白釉魂瓶

宋代
通高 46.8 厘米，口径 6.9 厘米，足径 7 厘米
2010 年澳门多珍堂捐赠

魂瓶造型修颀秀美，盘口带盖，颈部修长，下腹略鼓。盖为锥形，其上立一飞鸟。瓶颈上部堆塑云龙，下部环立十三俑，宽衣博带，着装一致，似在举行以道术协助墓主飞升的仪式。瓶腹部素面，有轻微的拉坯痕迹。此青白釉魂瓶造型秀美，釉色光润，可谓宋代魂瓶中的佳作。

接收罚没文物、标本

根据《中华人民共和国文物保护法》规定，2008 年以来，海南省博物馆陆续接收海口海关、海口市公安局缉私部门查获移交的历史文物 474 件／套。此外，根据《中华人民共和国野生动物保护法》等相关规定，琼海市公安局、海口市综合行政执法局海洋和渔业行政执法支队等单位陆续将一批罚没的玳瑁、砗磲、象牙等野生动物制品移交到海南省博物馆保管，用于科研及科普展示宣传，在全社会营造保护野生动物的良好氛围。

象牙链坠

当代

珠粒直径 0.5 厘米，通长 34.5 厘米

2022 年 11 月 11 日定安县公安局移交

象牙质地。

玳瑁标本

当代
体长 50 厘米，头长 12 厘米，宽 36 厘米，高 14 厘米
2017 年 8 月 8 日美兰机场海关移交

海龟科玳瑁属动物标本。

　　韩山元，祖籍海南文昌，生于马来西亚，是新加坡知名老报人。他退休前为新加坡《联合早报》的编辑记者，是首个向海南省博物馆捐赠文物的海外华人。

　　2009 年至 2010 年，我馆接收了韩山元先生分三批捐赠的文物，包括日本海军与八幡钢铁所作的《第五回海南岛开发协议会报告书》、中华民国驻新加坡总领事馆颁发的《华侨登记证》和《侨民登记证》、海外华侨为支持抗战购买的《救国公债》复制品、1959 年出版的《星州日报》《昭南日报》《南支派遣军》画册及"新加坡军港区琼崖同乡会互助部会员卡"等。

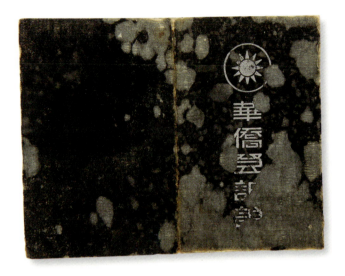

王裕皇华侨登记证

1940 年

长 14 厘米，宽 9 厘米

2009 年 10 月新加坡海南会馆文教部主任韩山元先生捐赠

纸质。该证为新字第 359280 号，民国二十九年十二月三十一日中华民国驻新加坡总领事馆发给福建省金门县王裕皇的华侨登记证，内有照片和个人信息等内容。1935 年 12 月，国民政府公布《华侨登记规则》，规定所有居留、出国或归国的侨民都须登记，由外交部驻外领事馆负责办理登记事务，并颁发登记证。

韩玉凤侨民登记证

1948 年

长 15 厘米，宽 9 厘米

2009 年 10 月新加坡海南会馆文教部主任韩山元先生捐赠

纸质。该证为新坡字第 077707 号，民国三十七年十一月十七日中华民国驻新加坡总领事馆发给广东省文昌县韩玉凤的侨民登记证，内有照片和个人信息等内容。

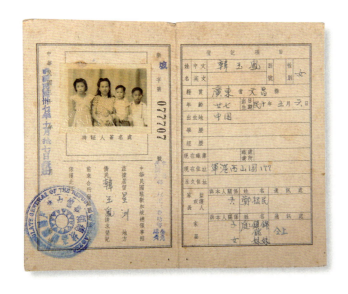

预防接种证明书

1949 年

长 18 厘米，宽 11 厘米

2009 年 10 月新加坡海南会馆文教部主任韩山元先生捐赠

纸质。该证为第 02209 号，为 1949 年 5 月 26 日卫生部海口海港检疫所颁发给韩山元的预防接种证明书，内有照片、个人信息和接种记录等内容。

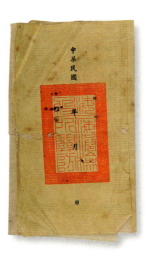 

《第五回海南岛开发协议会报告书》

1943 年

长 26 厘米，宽 18 厘米

2009 年 10 月新加坡海南会馆文教部主任韩山元先生捐赠

纸质。此为 1943 年日本海军及八幡钢铁所对海南岛资源的秘密调查报告。该报告印量少，对研究日本侵略者当时在海南各机构工作状况，具有重要的历史价值。

《昭南日报》

1942 年

长 88 厘米，宽 56 厘米

2009 年 10 月新加坡海南会馆文教部主任韩山元先生捐赠

纸质。新加坡《昭南日报》是当时日军控制的 11 家华文报纸之一，用于美化日本对亚洲各国发动的侵略战争。

不负时代
奋楫争先

文物承载灿烂文明，传承历史文化，维系民族精神。在新时代历史征程中，我馆坚持"保护第一、加强管理、挖掘价值、有效利用、让文物活起来"的新时代文物工作方针，积极投身中国（海南）南海博物馆、海南解放公园改造提升等重要文博项目，在展品征集等领域勇于担当、积极作为，持续贡献海南省博物馆力量。

03

配合海南省博物馆二期文物征集

　　海南省博物馆二期工程是海南省重点惠民公共文化配套设施，总建筑面积超过 2.5 万平方米，展陈面积为 6630 平方米。海南省博物馆二期以《南溟奇甸赋》为主线，取"南溟奇甸"为展览大主题，策划了"南溟泛舸""方外封疆""仙凡之间"三大基本陈列展以及黄花梨、沉香两大专题陈列和非遗"四个一"等展览。为配合二期工程，满足人民群众不断增长的精神文化需求，海南省博物馆通过开展相关藏品征集工作，改变了馆内藏品匮乏的状态，为二期展陈提供了充足的实物资料，对于支撑陈列展览、传承和发扬海南地域文化，推动海南历史和民族民俗的研究等，均起到了非常积极的作用。

判金

日本江户时代
①长 7.1 厘米，宽 3.9 厘米
②长 5.9 厘米，宽 3.2 厘米
③长 5.9 厘米，宽 3.2 厘米
2019 年 7 月自苏保处征集

判金是日本战国时期流行的金币，有大小两种，日本江户时期通用的是小判金。其呈薄椭圆形，为标准金币，一枚为一两。战国时期尤其是安土桃山时期虽有铸造但并未流通。

①

②

③

金铤

南宋
通长 6.3 厘米，首宽 4.1 厘米，腰宽 2.6 厘米，厚 1.3 厘米
2019 年 7 月自苏保处征集

南宋金铤形制有两种，一种为直形，一种为束腰形。此金铤为束腰形，两端平首，素面。南宋时期的金铤主要用于兑换钞引、赋税、赏赐、上供、军费、国费开支等，最初由官府征召民间工匠到文思院冶铸。

铜锭

明代
长 31.8 厘米，宽 14 厘米，厚 2.5 厘米
1996 年在西沙北礁文物普查工作中采集

铜锭呈面窄底宽的四棱台形，锭面有一横刻浅细槽。

铜碗与珊瑚胶结块

明代
高 15.3 厘米，底径 8.4 厘米
1997 年在西沙北礁文物普查工作中采集

铜碗敞口，弧腹，平底，素面。三只碗叠摞与珊瑚胶结成一体，展现了三只碗在海底埋藏的原始状态。

征集海南民族文物

海南民族文物，主要有生产生活工具、建筑、民俗用品、传统服饰、宗教用品等等，这些民族文物是反映海南黎族、苗族、回族、汉族等各民族物质文化和精神文化的珍贵遗存。

回族女子婚礼头簪

现代
2007 年自三亚凤凰镇回新村征集

回族婚礼隆重热闹，新娘装扮一新，头上插满铜银制作的工艺品和艳丽簪花，形似孔雀开屏，美丽异常。

黎族云雷纹三蛙耳铜锣

清代
直径 31.5 厘米，高 4 厘米，面径 23.8 厘米
2008 年 3 月三亚市博物馆调拨

蛙锣被视为贵重的珍宝，是黎族权力、地位、财富和威望的象征。
该锣面光滑，中部略凸，锣边有变形云雷纹，顶端有三耳，耳上铸
饰有青蛙或水虫，在民间称之为"宝锣"。它既是民间乐器，又是
宗教器具和传信工具。

黎族铜锣

清代

面径 13.3 厘米，高 2.5 厘米

2008 年 4 月白沙县博物馆调拨

青铜铸造而成，直壁近平腹，素面，器身遍布打制痕迹。班固编写的《汉书·地理志》最早记载铜锣，称可以用一锣"易数牛或数十牛"，非常珍贵。铜锣是古代黎族的敲击体鸣礼乐器，一般在丧葬和祭祖时使用，是黎族社会家族权力和地位的象征，也是反映黎族传统文化的重要见证。

黎族青龙教子图龙被

清代

左幅长 221 厘米，宽 43 厘米，右幅残长 216 厘米，宽 43.5 厘米

1998 年自五指山市中山镇报龙村征集

此龙被由三幅彩锦连缀而成（缺中幅）。现存二联，花纹图案用黄、白、蓝、绿等色丝线绣成，构图严谨饱满，图案生动有趣，绣工精湛。此龙被正中为一对青龙，尾部向上伸展，尾端各尾随一只小螭龙，龙纹之下是一对狮子。主体图案两侧上方为喜鹊登梅；左右两侧是瓶花和鹌鹑，寓意平安富贵；下方饰缠枝花卉。二龙造型活泼矫健，龙头壮硕，龙鼻圆突，龙身饱满，张牙舞爪，有明显的清代龙纹造型特征。

黎族龙凤呈祥龙被

清代

左联：长 197 厘米，宽 40.5 厘米；中联：长 199 厘米，宽 41 厘米

右联：长 200 厘米，宽 40.5 厘米

2012 年自贵州黔南自治州征集

龙被是集黎族传统纺染织绣四大工艺于一身的织锦工艺精品，古代多用于寿囍、祭祀、盖棺等民俗活动，亦为朝廷贡品，存世常见三联幅绣锦。此为三联幅龙被，其中左、右两幅绣有一对青龙和宝瓶花鸟"喜上眉梢"，中幅绣有双凤朝阳和花卉等清中期龙被常见图案。

苗族发绣五牛图

现代

纵 33 厘米，横 238 厘米

2010 年征集购买于五指山市

《五牛图》为唐代韩滉创作，现藏于故宫博物院。图中所画五牛，形象不一，姿态各异，或行或立，或俯首，或昂头，动态十足。其中一牛完全画成正面，视角独特。以简洁的线条勾勒出牛的骨骼转折，筋肉缠裹，笔法老练流畅，线条富有力度和精确的艺术表现力。牛头部与口鼻处的根根细毛，更是笔笔入微。每头牛皆目光炯炯。以牛入画是中国古代绘画的传统题材之一，体现了中国古代以农为本的主导思想。

此发绣作品仿韩滉《五牛图》，在原图基础上以发丝为原料对五只牛进行刺绣上色。发绣在古代又称墨绣，以人的头发作为原料，结合绘画与刺绣制作的艺术品，是海南苗族人民以勤劳和智慧创造的一门艺术。发绣最早起源于唐朝上元年间，初期是为了表达对佛祖的虔诚，元明时期题材逐渐广泛。发绣多为国家收藏珍品或外交礼品。

征集非物质文化遗产藏品

　　海南省非物质文化遗产是海南省文化遗产的重要组成部分，也是海南各族人民世代相传的各种传统文化表现形式，以及与传统文化表现形式相关的实物和场所。面对濒临消失的海南省非物质文化遗产，我馆通过征集等多种途径，对海南本土的非物质文化遗产进行保护和抢救，使海南非遗文化世代传承下去。

航海罗盘

清代

直径 17.5 厘米，底径 13.3 厘米

2015 年 10 月征集自周启干处

航海罗盘在古代被称为指南针、浮针和罗盘等，是由一根指南的针和中央挖空的圆形刻度盘组成。航海罗盘脱胎于堪舆罗盘，采用十二地支、十天干中的八干，以及八卦中的四维来表示 24 方位；相邻方位中"缝针"，使得罗盘可以指示 48 个方位，每单位可以精确至 7.5°。航海罗盘在航海中意义重大，这不仅体现在其可以为大海航行保驾护航，更是由于在其用于航海之后，航路才得以相对固定，航行区域也得以扩展，并因之产生了诸多"针经"可以佐助航海，这对航海经验的累积乃至后世航海技术的发展至关重要。

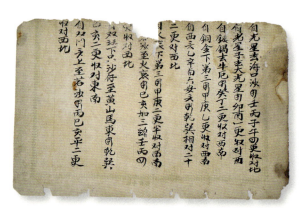

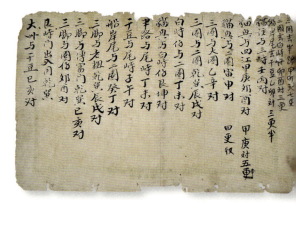

东海更路簿

民国时期

长 23 厘米，宽 14.5 厘米

2016 年 7 月自琼海市潭门镇征集

《更路簿》是记录我国海南省沿海渔民在西沙群岛、南沙群岛航行的航向和航程书，它反映了渔民们在南海诸岛的作业路线以及他们给南海诸岛，尤其是西、南沙各岛、礁、滩、洲的命名。"东海"是我国海南渔民在 20 世纪 60 年代以前对西沙群岛的称谓，东海更路簿记载了渔船从海南省琼海市潭门港航行到达西沙群岛的航向和航程。

東海更路

临高人偶戏木偶

清代
通高 34-50 厘米

木偶为临高清代传统木偶戏道具。临高人偶戏为人偶同台表演，人与偶在台上同扮演一个角色。木偶为木雕人头像，偶像按角色分为生、旦、净、末等行当，脸谱也较丰富，不同色彩代表不同人物的性格特征，演出时要按角色穿上服装，在发簪后有落款"康熙"二字。

黎族树叶型骨簪

现代
长 21.5 厘米，宽 3.6 厘米
2017 年 9 月自周启干处征集

由牛骨制作而成，簪头分两端，刻画出纹饰后以黑色染料填涂，下部呈针尖状，便于插入佩戴。该发簪原为旧时男子在祭祀时使用。

黎族口弓

现代
①长 12.3 厘米，直径 1.2 厘米。2008 年 4 月昌江县博物馆调拨
②长 13.4 厘米，宽 0.8 厘米。2008 年 3 月五指山市畅好乡番通村征集
2008 年 4 月昌江县博物馆调拨

黎族口弓，也称口弦、口琴。由薄竹片或薄铜片制成，在竹片或铜片中间切出一条活动的舌簧，以舌簧较长而富有弹性者为佳。吹奏时边送气吸气，边用手指弹动簧片。

嵌螺钿花蝶图酒壶椰雕

现代

通高 17 厘米

2017 年征集

此壶锡胎，壶盖和主体外层为椰壳拼接而成，流、柄和盖钮用木雕刻成。壶身嵌螺钿花蝶图。

嵌螺钿梅花图瓶椰雕

现代

高 34 厘米，宽 10 厘米

2017 年征集

此瓶锡胎，外层为椰壳拼接而成，瓶腹部以螺钿嵌制成梅花图，形象生动。瓶底下承镂雕缠枝花草纹三足炉式底座。整体造型典雅。

林诗大花梨木雕《翠鸣》

当代

长 38 厘米，宽 28 厘米，高 13 厘米

2022 年 3 月 9 日海南工艺美术家作品展作者林诗大捐赠

海南黄花梨质地。作品雕一翠鸟立于残荷叶枝上，下有莲蓬和藕节，底座做荷塘水波，整体造型生动、和谐统一。

秋耀春华图贝雕画

当代

长 49 厘米，宽 29 厘米

贝雕画是沿海地区常见的传统工艺品，它以传统的螺贝镶嵌技法为基础，借鉴中国画的构图章法，结合牙雕、木雕等工艺，经过切磨镶嵌雕制出千姿百态、妙趣横生的浮雕式画面。

剪纸《月下情》

当代

纵 51 厘米，横 76 厘米

黎族剪纸，用剪刀和锉刀将黎族姑娘在月下舞蹈的场景勾勒出来，抓住黎族舞蹈三道弯的特点，体现浓浓的黎族风情。

　　为弘扬海南沉香文化，2018年海南省博物馆一期提升改造项目中特设"香中魁首——海南沉香陈列"。开展之初，由于馆藏涉及沉香文化的香具文物奇缺，特向辽宁省博物馆、法门寺博物馆、南京市博物总馆借展香具文物40余件套以弥补展品不足。征集部工作人员赴云南、湖北等多地文物商店调研，经过一年的奔波，征集到汉代至民国时期的香具100余件，填补了展品的空白。

朱雀纹青铜熏炉

西汉
高 20 厘米，口径 12.5 厘米，底径 19.5 厘米
2020 年 11 月自陕西省文物商店征集购买

青铜铸，由炉盖、炉身、承盘三部分组成。炉盖饰镂空卷草纹，上立朱雀。豆式炉身，足外撇，上铸卷云纹。下有承盘，盘为平折沿，底内凹。炉与承盘有一铜钉固定。

仿汉代青铜博山炉器型，由子母口炉盖与豆形圆熏炉及承底圆盘组成。盖顶半球形高耸略尖，有宝珠形钮，堆塑多条盘旋上升状装饰物；炉身鼓腹半球形，足下承盘敞口平底，底部采用这一时期惯用的线切工艺，在炉盖上增加了冉冉升起的烟状瓷塑装饰，增加了器物的动感与美感，但无镂空排烟孔，应为明器而非实用器。

豹斑玉香熏

唐代
高 12.5 厘米，口径 6.5 厘米，底径 16.9 厘米
2020 年 10 月 13 日自陕西省文物总店有限公司征集

豹斑玉又称豹斑石，唐代使用最多，后世鲜有。此件香熏敛口，溜肩，直腹，矮圈足微敞。腹部上有两组六圆孔和拱形出香孔，两两相对，古朴雅致。

带托盘铜香盒

唐代

盖直径 6.7 厘米，高 3.2 厘米，器身口径 6.8 厘米
足径 5 厘米，高 4.2 厘米，盘直径 14.2 厘米
2019 年 7 月自南京文物公司征集

青铜材质，造型古拙大方，只用简单的弦纹做装饰却不失美感。这一时期香料的用法和用途有了很大的改变，出现香粉、合香、香油等等，为了便于香料或香粉储存和使用，香盒便应运而生。

铜荷花纹行炉

唐代
口径 8.9 厘米，底径 7.8 厘米，长 33.3 厘米，柄宽 1.8 厘米
2019 年 7 月自南京文物公司征集

此件行炉铜制鎏金，全形仿佛一支长茎荷花，斗部上阔下圆，外壁
饰荷瓣纹浮刻，下方基座同样饰有荷花，长茎作柄，另饰狭长卷起
叶片。

铜鎏金狮钮双耳三足炉

明代
高 20 厘米，耳径 17.2 厘米，腹径 9.9 厘米
2018 年 11 月自云南省文物总店征集

炉身六方形，两侧对称置朝冠耳，腹部微鼓，分六组出脊，每面饰菱花形开光，开光内錾刻细密的珍珠地，浮雕团寿，寿字外围以各种祥瑞花果；肩部饰三重莲瓣，颈部饰开光花卉纹，口沿立面阴刻回纹。盖面镂雕缠枝四季花卉纹，并錾刻细节，盖顶菱花形开光，上以瑞狮戏球为钮。炉腹下承三兽首足。

青釉八卦香炉

元代
口径 21.2 厘米，足径 18 厘米，高 15.1 厘米
2022 年 9 月 28 日自南京文物有限责任公司征集

香炉筒式，直腹，三足，通体青釉，釉色深沉，胎体厚重，釉层略厚，纹饰刻划简略，为龙泉窑典型器物。三足炉造型源于古代青铜礼器中的食器鼎，器身装饰浮雕八卦图案。

德化窑"兰宝盛"款夔龙纹簋式炉

清代

高 7.5 厘米，口径 12.4 厘米

2020 年 11 月自陕西省文物商店征集购买

炉撇口、鼓腹、圈足。炉体两侧对称置双兽耳，腹部饰两道凸弦纹，两弦纹间模印夔龙纹、云雷纹一周。此炉胎体匀净致密，釉面莹亮，白如凝脂，造型端庄古朴，是德化窑常烧的供器香炉。

累丝烧蓝嵌松石狮纽香罐

民国时期
通高 24.5 厘米，宽 16 厘米
2018 年 7 月 30 日自广东省文物总店征集

狮纽盖。香罐直颈中部略束，龙形双耳，圆鼓腹，下承三足。器盖、器身累丝工艺，烧蓝纹饰精美绝伦。器盖嵌松石四颗，间以烧蓝西番莲花；器身累丝烧蓝工艺作三狮戏球两组，以上下相对西番莲做间隔。

竹雕镂空人物纹香囊

民国时期
长 7 厘米，宽 5 厘米，厚 3.3 厘米
2018 年 11 月 13 日自云南省文物总店有限公司征集

香囊又名香袋。此件取竹为材，四面镂空雕人物，香味可从镂孔处
溢出，上盖浮雕寿字，整器工艺精湛，满工雕刻，枣红色包浆。

香压

宋代

长 23.5 厘米

2019 年 7 月 11 日自南京文物公司征集

用于压实压平香灰和压实篆模内的香料粉。

铜鎏金香具

宋代

尺寸不一

2019 年 7 月 11 日自南京文物公司征集

到了宋代，品香更多融入了文人情怀，不但对香料的要求很高，对于香具的制作也更多地注入了奇思妙想，用法也越来越复杂。例如香篆炉的使用即需要执炉者聚气凝神调整呼吸，先用香铲将灰摊平，香压压实，把香粉放入篆模内压成图形如福字纹、万字纹、祥云纹等，以求达到一炉香烟如画的效果。

这套香具包括铲、压、针、勺、播、勾镊，是配合香篆炉使用的器物。

① 香铲香压两用：香铲用于整理香炉内的香灰，香压用于压实压平香灰和压实篆模内的香料粉。

② 铜香压：用于压实压平香灰和压实篆模内的香料粉。

③ 铜香针：也称碳针，是用炙碳埋入香灰内烘焙香料用于通气，也可以配合香扫清理香具。

④ 铜银复合香勺：主要用于添加香料或香油使用。

⑤ 铜香勺：尾部扁平，也可以作为香播使用，主要用于添加香料或香油使用。

⑥ 铜香播：用于整理香灰或香粉。

⑦ 铜香勾：用于整理篆模内的香料。

⑧ 铜香镊：配合行香时使用。

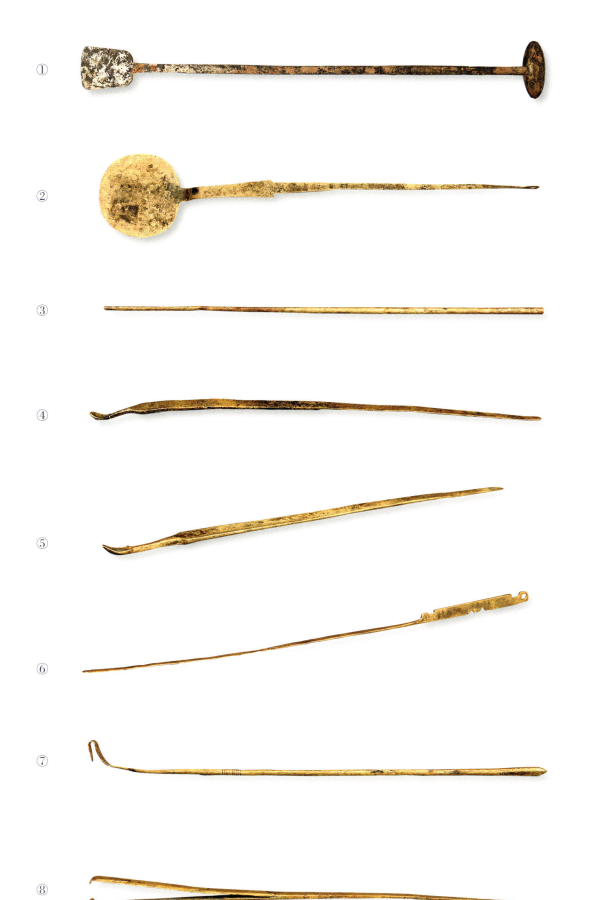

① ② ③ ④ ⑤ ⑥ ⑦ ⑧

征集海南黄花梨藏品

"木中皇后——海南黄花梨陈列"是海南省博物馆的专题展之一。开展之前，工作人员不辞辛苦，多方调研、走访，征集了一系列展品，使得深受历代皇家所钟爱的这些精美展品呈现在观众面前。

黎族花梨木牛轭

清代

长 76 厘米，直径 6.5 厘米

2005 年 6 月海南省收藏家协会何云强捐赠

此牛轭以黄花梨木制成。牛轭呈"人"字形，尾部有凹槽，用于绑绳。

①

②

打纬刀

①清代。长 77.5 厘米
②现代。长 66 厘米
2016 年征集

打纬刀是织机部件，用于整理纬线。

黄花梨卜卦

民国

高 18.5 厘米，口径 11 厘米，底径 9 厘米

2023 年征集

花梨木材质。此签筒作竹节造型，底部接饼形底座。卜卦时用于盛
放卦签。

何延隆花梨木雕《玫瑰斗》

当代

长 53 厘米

2022 年 3 月 9 日海南工艺美术家作品展作者何延隆捐赠

海南黄花梨质地。整个烟斗由烟嘴、烟杆、斗柄和斗钵组成，斗钵作玫瑰花苞状，烟杆上有凸竹节纹装饰。

徐俊花梨木雕《文心一品》

当代

笔长 21.3 厘米，书卷高 13.2 厘米，笔筒高 11.7 厘米

2022 年 3 月 9 日海南工艺美术家作品展作者徐俊捐赠

海南黄花梨质地。黄花梨木雕文房用品一套，由笔、笔筒和书卷三件组成。

泰国花梨镂空雕花鸟纹扶手椅

民国时期
长 60 厘米，宽 47.5 厘米，高 105 厘米
2022 年 3 月 7 日符思、李丹捐赠

大果紫檀（泰国花梨木）。椅子搭脑中间横平两边弯曲，整体线条流畅；扶手、鹅脖三弯式；四腿方材，四腿之间施三枨。靠背心板镂空雕花草绕圆环，环内镂雕花鸟；扶手下作寿桃形装饰，椅面下牙子正中镂雕花果。

泰国花梨镂空花卉纹二层几

民国时期
长 31 厘米，宽 40 厘米，高 81 厘米
2022 年 3 月 7 日符思、李丹捐赠

质地为大果紫檀（泰国花梨木）。方几有两层，几面长方形，冰盘沿，下有束腰，牙条中部镂雕花卉。四腿方材，腿中间靠上有四枨，四枨中间镶心板，形成二层几面。

泰国花梨镂空雕"蝙蝠衔寿纹"搭几桥案

民国时期

高 143.5 厘米，长 244 厘米，宽 46.7 厘米

2022 年 3 月 7 日符思、李丹捐赠

大果紫檀（泰国花梨木）。长条形案面搭于两个方几之上，可拆分。长案牙板镂雕"五蝠献寿"图，两边方几浮雕"喜鹊登梅"图，寓意万寿无疆、喜事连连。

泰国花梨镂空雕"狮子戏球纹"带抽屉八仙桌

民国时期

高 108.5 厘米，长 120.5 厘米，宽 116 厘米

2022 年 3 月 7 日符思、李丹捐赠

大果紫檀（泰国花梨木）。桌面方正平直，下有束腰，四腿方材，足端微内卷，下踩托泥。牙板正中镂雕狮子戏球纹样，两边分别镂雕寿桃、佛手，象征吉祥如意、福寿绵长。桌侧有两抽屉。

　　2020年，中共海南省委宣传部与临高县委县政府启动了对临高角海南解放公园的提升改造，我馆参与海南解放公园配套相关革命文物展品的征集工作。截至2020年10月1日试展，共征集到革命文物约270件/套、复仿制革命文物39件/套、装配武器17件/套，采集制作老战士手脚模40余件/套。

征集革命文物

　　2008 年开馆以来，海南省博物馆便启动了革命文物的征集工作，随着近年来党和政府对加强革命文物保护利用，弘扬革命文化，传承红色基因的日渐重视，我馆加大了对革命文物的征集力度。截至到 2022 年，共征集革命文物 630 件 / 套，其中征购 341 件 / 套，接收捐赠 251 件 / 套，各市县调拨 38 件 / 套。

琼崖工农红军标枪头

20 世纪 30 年代

长 19.8 厘米，柄口径 2.5 厘米

2008 年 7 月蔡于良捐赠

此标枪头为铁质，枪头部位一面刻一枚红色五角星图案，背面刻镰刀斧头图案。原为琼崖革命时期红色娘子军战士使用，1931 年5 月 1 日，中国工农红军第二独立师第三团女子军特务连在乐会县（今琼海市）内园村成立，为琼崖革命立下了不朽功勋。

渡江胜利纪念章

1949 年
直径 2.2 厘米，厚 0.2 厘米
2020 年 9 月许翔捐赠

纪念章铜质，正面图案为波涛滚滚的长江，江面上排列着扬帆的战船，战船在汹涌的惊涛中直驰长江南岸，英勇善战的人民解放军战士，手持刺刀枪冲锋陷阵，争先恐后登上江南大地。下方铸有："渡江胜利纪念"字样。背面铸有"中国人民解放军华东军区颁发，一九四九年四月二十一日"字样。

陵水县农军使用过的粉枪

1927 年
长 148 厘米
2008 年 6 月陵水县博物馆调拨

由木质枪柄和铁质枪筒组成。琼崖土地革命时期红军战士使用的武器。

广东文昌县农民协会会员证章

1927 年
直径 3.2 厘米
2020 年 12 月林少青捐赠

证章铜质，圆形。中间为国民党党徽，底部为犁头图案，上方红地篆书铸"广东文昌县农民协会会员证章"，为国共合作大革命时期的产物。挂链为后配。

南下工作团毕业纪念章

1949 年

长 3.9 厘米，宽 3.5 厘米

2020 年 12 月 30 日自黄永忠处征集

纪念章为红色五角星形状，正面的中间是一位身穿绿军装的解放军战士手举火炬，五角星下方的蓝色绶带上有"南下工作团毕业纪念"字样，背面铭文："四野，1949.8，3019"。

1949 年 3 月 11 日，东北野战军改称中国人民解放军第四野战军，简称"四野"，东北野战军领导于 1949 年 2 月 15 日呈请中共中央批准在平津地区招收万名学生参军，东北野战军遵照中共中央的指示以"南下工作团"的名义，在平津两市动员 7000 名学生，另招收 3000 名技术工人和各种专门技术人才，随军南下在新区开展工作。

华北解放纪念章

1950 年
通长 6 厘米，厚 0.3 厘米
2020 年 9 月 14 日许翔捐赠

奖章质地为铜，纪念章由两部分组成，纪念章正面为嘉禾图案簇围着一名英姿飒爽的解放军战士，持枪守卫着"万里长城"和"八一军旗"，奖章下方有"华北解放纪念"6 个字，背面有"1950"字样。奖章另一部分由横幅红面黄杠的绶带组成，与章面连成一体。新中国成立后，华北人民政府和华北军区为表彰解放华北区参战人员和纪念华北解放，经报请中央人民军事委员会总政治部批准，颁发"华北解放纪念章"。

"人民功臣"纪念章

1950 年
直径 3.7 厘米
2020 年 12 月 23 日自梁其木处征集

纪念章圆形，正面印有"西军委会，北政员颁"，背面印有"一九五〇年"。1950 年，西北军政委员会为了表彰奖励在解放大西北中做出贡献的人民解放军官兵，决定颁发人民功臣奖章，并制定公布了《解放大西北人民功臣奖章条例》。

解放华中南纪念章

1950 年
直径 3 厘米，厚 0.2 厘米
2020 年 9 月 14 日许翔捐赠

纪念章圆形，铜质镀铬，正面中心为身背步枪的军人，手持八一军旗，军旗上有"解放华中南纪念章"铭文，内环为黄色麦穗，外环为齿轮，下有"1950"铭文；背面有"中南军政委员会颁发"铭文。

1950 年，为纪念中南地区的全面解放，中南行政委员会向解放军第四野战军各部、第二野战军第四兵团指战员等所有参战官兵和其他人员颁发了解放华中南纪念章。

淮海战役纪念章

1950 年
直径 2.7 厘米，厚 0.2 厘米
2020 年 9 月许翔捐赠

纪念章铜质，圆形。正面顶部为红色五星，中部为交叉的双枪，底部为红色"淮海战役纪念"字样，背面别针下方刻有"中国人民解放军华东战区颁发""一九四九年一月十日"字样。

全国人民慰问人民解放军纪念章

1954 年

长 8.5 厘米，宽 5 厘米

2020 年 4 月 8 日自海南国兴地方收藏艺术中心征集

银、铜质地。纪念章为三片式结构，最上层为圆形，内部刻红色五角星，五角星中央为天安门标志，下方是交叉的橄榄枝与冲锋枪。中、下层为叠加交错五角星金属片，金属片表面呈辐射式条纹，背面上方有"全国人民慰问人民解放军代表团赠"铭文，背面下方有"1954.2.17"铭文。

1954 年 2 月 17 日前后，党中央和政府组建了全国人民慰问人民解放军代表团，分赴各地慰问人民解放军，鼓励全军积极支援和参加祖国社会主义建设，以保卫祖国安全与世界和平。期间，特制作了纪念章，以表彰解放军官兵为中国人民的革命事业所做出的贡献。

解放奖章

1955 年

章体直径 3 厘米，厚 0.3 厘米

2021 年 6 月 24 日甘有成子女甘秀萍捐赠

解放奖章铜质鎏金，章体圆形，正面图案是金色天安门及珐琅红星；背面印有"1945-1950 解放奖章 中华人民共和国 一九五五年 北京"，最下方编号"C67908"。解放奖章是中国人民解放军授予在解放战争中立功人员的奖章。

解放奖章

1955 年

章体直径 3 厘米，厚 0.3 厘米

2020 年 9 月 14 日许翔捐赠

解放奖章铜质鎏金，章体圆形，正面上方是珐琅红星，下方是金色天安门，背面有"1945-1950 解放奖章 中华人民共和国 一九五五年 北京"铭文，最下方编号"女 78089"。

中国人民解放军六五式领章、帽徽

1965 年

帽徽长 4.7 厘米，宽 4.7 厘米；领章长 7.6 厘米

2020 年 4 月 8 日自海南国兴地方收藏艺术中心处征集

帽徽是铝制红色的五角星，用铁丝穿在军帽上。领章面料为红色棉平绒布，鲜艳醒目，背面为白棉布，上面印有"部队代号、姓名、血型"的红色印戳，为伤亡军人救护、统计提供依据。中国人民解放军在 1965 年 6 月 1 日取消了军衔制，军衔服装废止后，全体官兵一律佩戴全红五角星帽徽、全红领章。

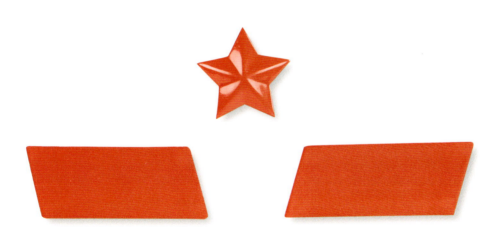

中国人民解放军五〇式胸章

1950 年
长 7.3 厘米，宽 4 厘米
2020 年 4 月 8 日自国兴地方收藏艺术中心征集

胸章为长方形，白布底，四周有红色线条框，正面印有"中国人民解放军"黑色字样，背面印有供填写部别、职别、姓名、编号的栏目。

曲学之五〇式女兵连衣裙

1950 年

袖通长 137 厘米，衣长 100 厘米，衣宽 100 厘米

2020 年邹平光子女捐赠

该连衣裙棉质，长袖，带领，中间有一排铜纽扣，胸前设置两个口袋。该连衣裙为五〇式军服中的女军人夏服，由曲学之（邹平光夫人）子女捐赠至海南省博物馆收藏。五〇式军服借鉴了苏军服装样式，按陆、海、空三军，干部、战士，男军人、女军人，夏服、冬服等区分。当时为了与裙装配套，部队还特别为女兵配备了男兵都没有的皮鞋。

《新华日报》

1950 年
长 53 厘米，宽 37 厘米
2020 年 4 月 8 日自国兴地方收藏艺术中心处征集

纸质。《新华日报》是中国共产党的大型机关报，1938 年 1 月 11 日正式在武汉创刊。
这份《新华日报》中有"中国人民革命军事委员会驰电祝贺海南解放"的通讯。

《解放日报》

1950 年

长 53 厘米，宽 37 厘米

2020 年 4 月 8 日自国兴地方收藏艺术中心征集

这份《解放日报》刊载有"我军一部登陆海南岛"的通讯稿，是了解解放海南岛战役的重要材料。

张玉华将军海南岛战役工作笔记

1950 年
长 9.6 厘米，宽 6.6 厘米，厚 0.3 厘米
2020 年张玉华将军家人捐赠

纸质，张玉华将军在解放海南岛时期的工作笔记，笔记中不仅有张玉华将军亲手抄录的第 118 师所有团营级指挥员的名册，还记录了韩先楚军长对登陆先锋营成功登岛后所做的指示，以及战役准备工作许多具体事项，对于研究解放海南战役军史有一定参考价值。

郑需凡纪念解放海南岛七十二周年题词

当代

纵 21 厘米，横 34 厘米

2022 年 6 月 29 日郑需凡捐赠

纸本，为纪念解放海南岛七十二周年的题词。郑需凡，1947 年为中国人民解放军第 40 军侦察科长，捐赠时已是百岁高龄。

刘振华题词《思想政治工作是我军生命线》

当代
纵 137 厘米，横 69 厘米
2020 年 12 月 24 日刘振华将军女儿刘晓林捐赠

纸本。2007 年 8 月 1 日，为纪念中国人民解放军建军八十周年，刘振华献给北京军区老年大学书画展的题词。刘振华，中华人民共和国开国少将，在抗日战争和解放战争时期身担要职，参加了解放海南岛等战役，也参加了抗美援朝战争，为部队革命化、现代化、正规化建设作出了贡献。

思想政治工作
是我軍生命线

纪念中國人民解放軍建軍八十周年

献给 北京軍區老年大学书画展
公元二〇〇七年八月一日
刘振華

征集工作回望

建馆期征集工作（1995—2008 年）

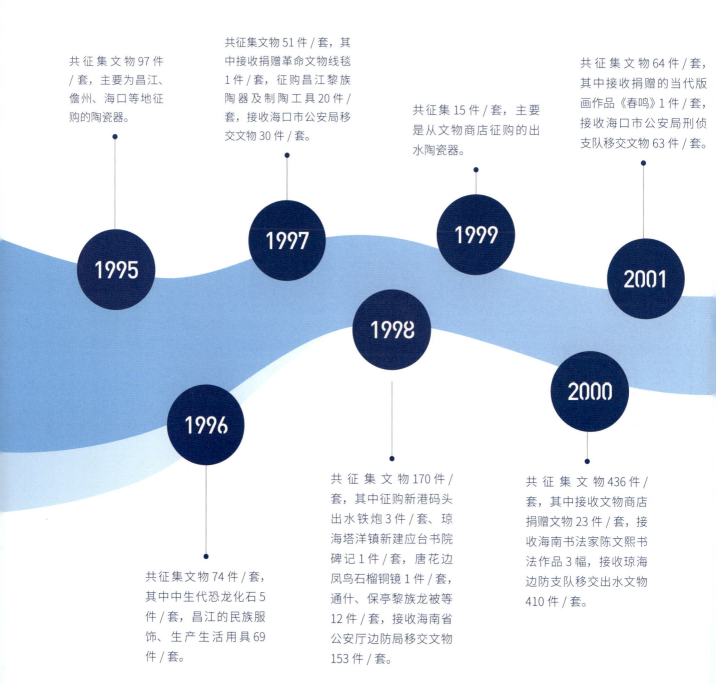

共征集文物 97 件 / 套，主要为昌江、儋州、海口等地征购的陶瓷器。

共征集文物 51 件 / 套，其中接收捐赠革命文物线毯 1 件 / 套，征购昌江黎族陶器及制陶工具 20 件 / 套，接收海口市公安局移交文物 30 件 / 套。

共征集 15 件 / 套，主要是从文物商店征购的出水陶瓷器。

共征集文物 64 件 / 套，其中接收捐赠的当代版画作品《春鸣》1 件 / 套，接收海口市公安局刑侦支队移交文物 63 件 / 套。

共征集文物 74 件 / 套，其中中生代恐龙化石 5 件 / 套，昌江的民族服饰、生产生活用具 69 件 / 套。

共征集文物 170 件 / 套，其中征购新港码头出水铁炮 3 件 / 套、琼海塔洋镇新建应台书院碑记 1 件 / 套，唐花边凤鸟石榴铜镜 1 件 / 套，通什、保亭黎族龙被等 12 件 / 套，接收海南省公安厅边防局移交文物 153 件 / 套。

共征集文物 436 件 / 套，其中接收文物商店捐赠文物 23 件 / 套，接收海南书法家陈文熙书法作品 3 幅，接收琼海边防支队移交出水文物 410 件 / 套。

共征集文物 40 件／套，其中征购历史文物（有肩石斧、乾壁杨薹立轴）4 件／套，征购民族文物（民族服饰、腰篓、竹篮等）23 件／套，征购革命文物（解放海南岛纪念章、解放华中纪念章）2 件／套，征购海南粤海铁路首趟车票 6 张；接收海南省高级人民法院没收追缴的文物描金铜佛 1 件／套；接收捐赠粤海铁路首发恤衫等纪念物品 4 件／套。

共征集文物 61 件／套，其中征购民族民俗文物（竹编酿酒器具、鱼篓、绕线架、脚踏纺车等）49 件／套，征购历史文物（元明清三代陶瓮、陶罐）3 件／套；接收捐赠的中华人民共和国第九届运动会、第十届运动会火炬、火种等 9 件／套。

共征集文物 236 件／套，其中征购历史文物、民族文物、非遗文物、革命文物（唢呐、椰胡、民族服饰、龙被、渡水葫芦、琼剧戏服、独木舟、槟榔盒、伊斯兰教书法、解放海南岛纪念章等）190 件／套；赴故宫博物院复制宋代葛长庚《足宣铭》1 幅；接收中国文物信息咨询中心划拨历史文物（"越王亓北古"错金铭文青铜复合剑、青白釉花口凤首壶、唐三彩马）3 件／套，接收捐赠的革命文物及民族文物 42 件／套。

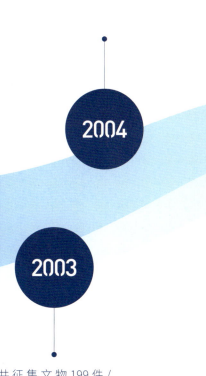

2004

2006

2008

2005

2007

2003

共征集文物 199 件／套，其中接收捐赠的古代文物石斧 2 件／套、魂坛 2 件／套，接收海关移交文物 195 件／套。

共征集文物 114 件／套，其中征购民族文物（黎族民族服饰等）15 件／套，征购花梨藏品 5 件／套；接收捐赠的《奇袭海南岛第一报》画刊 1 件／套、《琼崖民主政府布告》1 件／套及民族文物 92 件／套。

共征集文物 291 件／套，其中征购民族民俗文物（苗族服饰、手捻刀、纺车、绕线架、制陶工具、礼拜帽等）250 件／套；接收捐赠的《海南文明生态村》画卷 41 幅。

开馆期征集工作（2009 年至今）

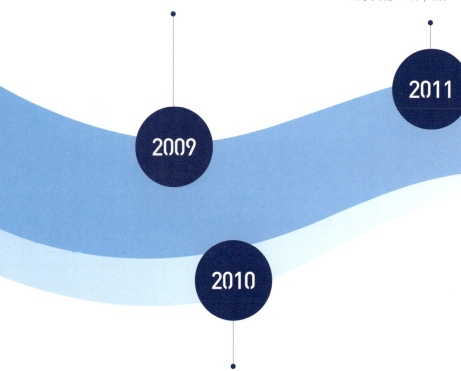

征集文物及藏品文约 532 件 / 套，其中征购历史文物（钻木取火工具、南宋青釉划花碗、青釉莲瓣纹碟等）10 件 / 套；接收捐赠书画作品 13 幅，接收北京奥运会及残奥会火炬手服装等物品 12 件 / 套，接收捐赠的华侨文物 4 件 / 套，接收捐赠的文物春盛匾、春盛店匾 2 件 / 套；接收中国国家博物馆水下考古科研与培训基地移交西沙华光礁 1 号沉船出水文物 220 箱，接收海南省文化广电出版体育厅移交文物 16 件 / 套，接收琼海市公安局随案移交的宋代瓷器 255 件 / 套。

征集文物及藏品 163 件 / 套，其中征购历史文物及民俗文物（船舱、张岳崧"孝友遗风"匾、行书立轴、更路簿、黎族龙被）5 件 / 套，"朱庐执封"银印复制件 2 件 / 套；接收捐赠历史文物 76 件 / 套；接收捐赠当代艺术品 14 件 / 套；接收捐赠的发绣《竹子》等 3 件 / 套；接收海口海关缉私局移交出水文物 63 件 / 套。

2009

2011

2012

2010

征集文物及藏品 134 件 / 套，其中征购华侨文物（中华民国侨民登记证、海南岛要塞司令部胸章等）6 件 / 套，征购海南版画作品（《南岛宝藏》、《海南岛的太阳》等）24 幅，征购历史文物（辽西日报、广州民国日报等）22 件 / 套，赴五指山市征购苗族发绣作品《清明上河图》、《八十七神仙卷》等 4 件 / 套、征购东环高铁车票（往返）4 张；接收捐赠的华侨文物（救国公债、电影海报等）19 件 / 套，接收捐赠的民族文物（圣旨木匾、石雕人头像等）6 件 / 套、书画作品及藏品 49 件 / 套。

征集文物及藏品 1109 件 / 套，其中征购民俗文物（龙被、黎族服饰、树皮布等）14 件 / 套，征购发绣 2 件 / 套；接收捐赠的《五指山小妹》《亚热带》《田园风光》《清风图》《牛羊依旧走老路》《海韵》等当代书画作品 10 幅；接收中国文物信息咨询中心调拨文物 1083 件 / 套。

征集文物及藏品1503件/套，其中征购黄花梨藏品11件/套，征购沉香香具及沉香标本56件/套，征购历史文物（判金、金铤等）5件/套，征购近现代勋章、报纸、证件等8件/套；接收捐赠紫砂壶581件/套，接收捐赠的当代书画作品64件/套，接收捐赠的革命及历史文物115件/套，接收捐赠的现代工艺品（砗磲原贝及工艺品等）663件/套。

征集文物及藏品301件/套，其中征购黄花梨藏品3件/套，征购临高渔民女子服16件/套；接收捐赠的革命文物95件/套，历史文物102件/套，当代工艺美术品85件/套。

2019

2021

2018

2020

2022

征集文物及藏品315件/套，其中征购黄花梨藏品23件/套，征购民族民俗文物（民族服饰、生产生活工具等）122件/套，征购沉香及香具（沉香标本、香薰、香炉等）95件/套；接收捐赠书画作品4件/套，接收捐赠的现代艺术品（贝雕、版画等）69件/套，接收捐赠的老式电影放映机2件/套。

征集文物及藏品1884件/套，其中征购黄花梨藏品2件/套，征购沉香香具及沉香标本52件/套，征购革命文物及相关展品（近现代勋章、报纸、复制展品、拆配武器等）302件/套；接收捐赠的文物藏品564件/套，抗疫捐赠实物物品237件/套，紫砂艺术品190件/套，书画及当代艺术作品71件/套，革命及历史文物65件/套，文物复制品1件/套；接收海口市公安局没收移交的海捞瓷、钱币等400件/套。

征集文物及藏品554件/套，其中征购黄花梨藏品7件/套，征购古籍文物7件/套，征购古代香具17件/套；接收捐赠的抗疫见证物433件/套，革命文物5件/套，海洋标本20件/套，当代工艺美术品65件/套。

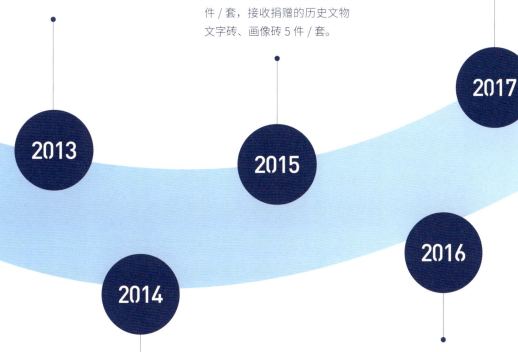

征集文物及藏品 86 件 / 套，其中征购美国回流文物（泥塑敷彩佛头像、石灰岩佛像等）8 件 / 套，征购民族民俗（文物黎族服饰、树皮原木制品等）32 件 / 套，征购历史文物（三蛙耳铜锣、青瓷碟、明代铜锭等）19 件 / 套；接收捐赠的书画作品 8 件 / 套，接收捐赠的西沙群岛相册、海南岛地理、海南岛写真集等 19 件 / 套。

征集文物及藏品 272 件 / 套，其中征购乐东、临高、儋州等地民俗文物（鱼篓、绣花鞋等）66 件 / 套；接收捐赠的当代紫砂工艺品及书画作品 201 件 / 套，接收捐赠的历史文物文字砖、画像砖 5 件 / 套。

征集文物及藏品 1200 件 / 套，其中征购民族及非遗文物（民族服饰、椰雕藏品、民俗工具、民族乐器、印章等）932 件 / 套，征购黄花梨藏品 31 件 / 套；接收捐赠的民族民俗及非遗藏品（打铁工具、碳画工具等）165 件 / 套，接收捐赠的当代艺术品（书画作品、雕塑艺术品等）72 件 / 套。

2013

2015

2017

2014

2016

征集文物及藏品 402 件 / 套，其中征购历史文物（铜锭、钱山、瓷碗胶结块）3 件 / 套，华侨文物（侨民登记证等）28 件 / 套，民族文物（服饰、纺车、古簪等）10 件 / 套；接收捐赠书画作品 45 件 / 套，接收捐赠现代工艺品（南非蝶螺、小砗磲等）19 件 / 套，接收捐赠的春盛招牌、春盛店招牌 2 件 / 套，接收捐赠的古代文字砖、画像砖 295 件 / 套。

征集文物及藏品 1861 件 / 套，其中征购民族及非遗文物（生产生活工具、民族服饰、公仔戏道具等）434 件 / 套，征购陶瓷器类藏品 60 件 / 套、外国硬币 1057 枚、历史文物及木雕藏品 153 件 / 套，征购黄花梨藏品 131 件 / 套；接收捐赠的当代工艺品 26 件 / 套。